गुमशुदा आसमां

कोमल कुमारी

"यह किताब हमारे देश के हर उस नारी को समर्पित है जिनके लिए आज़ादी का मतलब केवल चार दीवारी है | कहने को तो हमारा देश स्वतंत्र है मगर ये कैसी स्वतंत्रता जहाँ लोग अपने ही बनाये समाज में घुट -घुट कर जी रहे हैं |

ये किताब उन पुरुषो के लिए भी भेट है जिनका ये मानना है की किसी भी औरत को एक मर्द के सहारे और सुरक्षा की जरुरत है पर ऐसा नहीं है, हर कोई एक दूसरे से प्रेम और आदर की उम्मीद रखता है इसलिए यह किताब आपकी सोच का उत्थान करने के लिए और गहरायिओं से सोचने पे मज़बूर करने के लिए |

कोमल कुमारी

"

क्रम-सूची

क्रम-सूची

क्रम-सूची

प्रस्तावना

मैंने इस किताब के द्वारा उन हर चुनौतियों को समेटने की कोशिश की हू जो एक मध्यम वर्ग की लड़की जब बचपन में कदम रखते ही महसूस करती है | मैं यह दर्शाने की कोशिश करना चाहती हूँ की इनसब के बाबजूद वो हथेली में कई सपने सजोए उसे पूरा करने की अनगिनत प्रयास करती है | एक तरफ से यह भी कह सकते है ये कहानी मेरी ही है | मुझसे शुरू हुइ ये कहानी ना जाने कितनी और ज़िंदगियों के किस्सों को जोड़ती है | उम्मीद है आपलोग भी खुद के कई हालातो से मेरी कविता को जोड़ पाए |

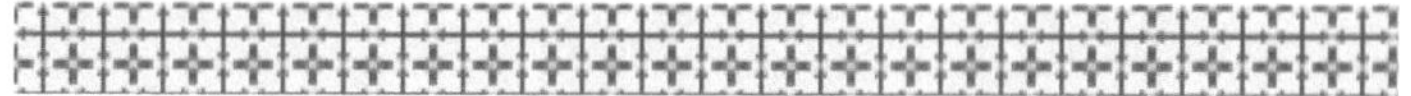

भूमिका

मैं ,कोमल कुमारी एक साधारण लड़की हू जिसे हमेशा से किताबो से लगाव रहा है | कलम ही मेरी सबसे बड़ी ताक़त रही है और ये लिखावट मेरी ज़ुबान बनी है जो मैं कह कर कभी बयां नई कर पायी | एक पुराने ख़यालात वाले परिवार में जन्म लेने से हमारी परवरिश में कई बदलाव होते है जहाँ कई संघर्षो का सामना करना पड़ता है अपने पर फैलाने के लिए| यहीं से मेरा लिखने का सफर शुरू हुआ और शब्दों को जोड़ -जोड़ कर अपनी कविता को बुनना शुरू किया |

1. मेरी पहचान

दुनिया देखना चाहती है
मेरी असल अंदाज़ को
फिर क्यों छिपाती हूँ मैं
अपनी अनोखी बात को
मैं भी कह देना चाहती हूँ
बेख़ौफ़ अपनी हर एक बात को
फिर क्यों पनाह देती हु मैं
इस खौफ के जज़्बात को
रूबरू कराना चाहती हु मैं
दुनिया को अपने अंदाज़ से
ना जाने क्यों खामोशियाँ जकड़ लेती मुझे
शुरू करने के ख़यालात से
आँखों को मूंद करके
सपने बुने जाते है इस जहान में
तो तुम्ही कहो आखिर कैसे दूँ
अपनी काबिलियत को पहचान मैं |

2. निर्भया

जल जाने दो जिस्म ये मेरा
हो चूका है कितना ये मैला
आज हूँ पड़ी बेलिबास मैं
अपनो के ही बनाए आवास में
कहाँ छिप जाऊँ उनकी नज़रो से
उनकी हवस की भूख से
काँप जाती है रूह ये मेरी
जब याद आती है वो अनहोनी
क्या सबब है मेरी हालात का
क्यों दिया दरिंदों ने ऐसा
पूछना ये सवाल है
अपने इस समाज से
कैसा ये समाज है
क्यों उठाता नहीं ये आवाज़ है
बिन चिता जल जाउंगी मैं भी
दरिंदो की हवस की आग में
विलुप्त हो जाउंगी इस दुनिया से
बनकर "निर्भया" का दूसरा नाम मैं |

3. चाँद और मैं

समेट लू तेरी रौशनी को
ऐ चाँद अपनी बाहों में
कर दे रिहा अब तू मुझे
बंजर ज़मीं से आसमानों में
सौ मर्तबा भेज चुकी मैं
फरमान अपनी आज़ादी का
अब तो कर दे आज़ाद मुझे
बंजर ज़मीं से आसमानों में
क्यूँ नहीं चाहता है तू देखना
ऐ चाँद तू करीब मुझको
एक चमकता तारा बनकर
रह जाऊँगी पास मैं तेरे
बाहें फैलाए मैं खड़ी हूँ
गहरी अंधेरी रातों में
अब तो कर दे रिहा तू मुझको
बंजर ज़मीं से आसमानों में |

4. सांवली सोच

सांवली सी रात हो तो
रात सुहानी लगती है
दिख जाए अगर रंग सांवला
तो क्यों वो एक खराबी लगती है
सांवली रंग की सूरत में
क्यों नज़र आती है लोगो को कमी
माँ की नज़रों से देखो तुम
उन्हें तो हर रंग ही प्यारी लगती है
सूरत का क्यूँ मोल है इतना
सीरत भी तो देखो तुम
अगर दिख जाए खोट
किसी के मन या बातो में
तो बेफिक्र होकर कह देना तुम
काले हो काले तुम
तेरा ना कोई मोल
मिट जायेगा तेरा ये मैला जिस्म
अगर पालोगे दिल में अपने खोट |

5. इश्क़ बेइंतेहा

आज से पहले हवाओं को सिर्फ
महसूस किया था मैंने
पर आज हुआ है अनुभव
उसके स्पर्श का मुझे
आज ये लायी थी झोंखा ख़ामोशी भरा
जिसके छुअन ने मुझे मदहोश कर दिया
उसके आगमन में भर ही रही थी मैं आहें
गुज़र गयी वो नम करके मेरी आँखे
नम आँखों से दिखा धुंधला-सा ये जहां
उसी धुंधली रहो ने कर दिया मुझे गुमराह
कसूर मेरा केवल इतना था
मैंने इश्क़ किया बेइंतेहा |
मैंने इश्क किया बेइंतेहा ||

6. वक़्त ऐ मंजर

वक़्त क्या है ?
क्या ये वो है जो गुजर गया
या फिर वो जो बाकी रह गया
ना देखी इसकी परछाई को
ना सुना कभी इसकी ध्वनि को
नाही ये ठहरा किसी लम्हे में
ना रुका किसी भी मोड़ पे
ये वक़्त भी इस कदर बढ़ता गया
की हर पल यू ही गुजरता गया
महज़ मैंने तो सिर्फ इंतेज़र किया
गुजरे वक़्त से ये इज़हार किया
रुक जाओ वक़्त-ऐ-आलम
लौट कर आया नहीं है वो अभी तक
जिसका मैंने अर्सो से इंतज़ार किया
सिर्फ़ों सिर्फ जिससे बेइंतेहा प्यार किया

7. अजीब -सी उलझन

मैं ना तुझसे दूर थी
नाही तू मेरे करीब था
चाहत थी तुझे हरपल मेरी
पर मैं ही ना तेरे नसीब में थी
समझ ना पायी हु तुझे मैं अबतक
क्यों ख्वाहिश हु मैं तेरी
या छुपा है कोई साज़िश
जो समझ ना पायी हु मैं अबतक
मुश्किल लगता है समझना
तेरी नीयत तेरी फितरत
कैसे मान लू मैं
ये है कोई फरेब या फिर हकीकत
या मेरे मन का डर है
क्या वाकई मे तुझे मुझसे मोहब्बत
इस हद तलक |

8. आधी -अधूरी

लिख रही तक़दीर का क़िस्सा
सारी अनहोनी को याद कर
पर रह गयी है ये अधूरी
ऐ रहगुज़र तेरे बगैर
आधी कहानी तू ले गया
अपनी हथेली में समेट कर
अब कैसे करू इसे मैं पूरा
ऐ रहगुज़र तेरे बगैर
तू ही वजह मेरी हर ख़ुशी का
तू ही तो साँस मेरी धड़कन का
तुझसे ही मेरी पहचान है
तु ही मेरे कविता की जुबां हो
अब और नहीं कर सकती मैं बयां
ऐ रहनुमा तेरे बिना |

9. यादों का दरीचा

दर्ज़ करती हूँ तुम्हे रोज़
अपनी किताबो में
ताकि समेट लू मैं तेरी यादो को
अपने खयालो मे
खैर खयालो का क्या है
वो तो दिमाग से
निकल ही जाएगा
बसाउंगी तुम्हे ऐसा दिल में
चाहकर भी ना निकल पाएगा
आज भी याद रखी हू तेरी हर एक बात को
कितनी तारीफे किया करते थे तुम
मेरी हर एक अंदाज़ पे |

10. मेरी दास्ताँ

कहाँ से शुरू कहानी मेरी

कहाँ पे खत्म ज़िंदगानी मेरी

नहीं है पता, मुझे ढूंढो ज़रा

कहाँ खो गयी कहानी मेरी

ना मुझे वो मिला ना उसे मैंने पाया

बन कर रही एक दीवानी तेरी

है पलके झुकी अश्को से भरी

तेरा नाम लिया खामोशियो ने मेरी

कलम से शुरू दीवानगी मेरी

ये लिखावट नहीं ,है कहानी मेरी

जो तुमने सुना ,जो मैंने कहा

वो बाते ही नहीं ,थी नादानी मेरी

जो जशन माने मस्तानी -सी

वो जशन ही नहीं थी बर्बादी मेरी

बातें ही तो की थी मोहब्बत भरी

क्यूँ नहीं जीने दी ज़िंदगानी मेरी

यही पर खत्म कहानी मेरी

अब नहीं रही ज़िंदगानी मेरी |

11. यौवन

देखो आज वक़्त के किस घड़ी में आ गयी मैं
क्या ये वही वक़्त है जिसे सब यौवन कहते है
इसी पल में आज इसी दिल ने किया है महसूस
नए एहसासो को
महज़ इन्ही लम्हो में महसूस किया है
अपने पहले प्यार के एहसास को
साथ ही वो डर उसे खो देने का
नए एहसासो की सीढ़ी चढ़ते- चढ़ते
पहुँच गयी हु उस ऊंचाई पर
जहाँ नज़र आने लगी है हमे मंज़िले
किया है संचेत उन एहसासो ने
मेरे बेपरवाह बढ़ते कदम को
देखो अपने बेपरवाह कदम सँभालने के
वक़्त में आगयी हूँ मैं
शायद ,जिसे सब यौवन कहते है |
देखो आज वक़्त के किस घड़ी में आ गयी हु मैं
क्या ये वही वक़्त है जिसे सब यौवन कहते है

12. मंज़िल -ए -सफर

रोक दू इस लम्हे को
और थाम लू ये बढ़ते कदम
बस अब कह दू रुक जा
ए-वक़्त -ए -आलम
थक गयी हूँ तेरे रोज़ के सफर से
उसी क्षण वक़्त ने यूँ मुझसे दीदार किया
अपनी बातो का भी इज़हार किया
आगे बढ़ो और तय करो
तुम अपना ये सफर
इसी सफर से मिलेगी
तुझे मंज़िल अपनी
इसी मंज़िल से ही बनेगी
एक पहचान तेरी
नहीं तो लगेगी अपनी ही ज़िन्दगी
तुझे एहसान भरी
और खुदा को भी अफ़सोस होगा
इस बात का
उसकी दी हुई ज़िन्दगी नाकाम रही |

13. मेरे हमसफ़र

नहीं है खबर ना है फ़िक्र
अपने आने वाले कल की
बस यही है दुआ
उम्रभर आपके साथ चलने की
इतनी शिद्दत से था तुझे पाया
की हरेक ख़्वाब में सिर्फ तुम्ही थे समाये
अब बन जो गए हो हमसफर
यूँ अनजान राहों में ना जाना छोड़कर
डूब चूकी हू तेरी मोहब्बत में इस कदर
भूल गयी दुखी होना मेरे हमसफ़र
अश्को से मेरा वास्ता ही टूट गया
जब से गमो का ये रास्ता छूट गया
अब होना चाहु भी तो मशहूर
तो सिर्फ तेरे नाम से
क्यूंकि जुड़ जो गया है तेरा नाम
अब मेरे नाम से |

14. तेरा इंतज़ार

थक गयी है मेरी आँखे तेरी इंतज़ार में
खूब मिले है आंसू मुझे तेरे प्यार में
दीखता सिर्फ तेरा चेहरा यारा इस ज़हान में
देखलू एक दफा तुझे मै यही एक अरमान है
ना है कोई सिकवा ना कोई शिकायत
रोज़ भटका करती हु मैं तेरे ही याद में
जिसे कहते है सब आग का दरिया
वो तो जन्नत की बहार है
इस छोटे से दिल में बसा तेरा-मेरा प्यार है
क्यूँ चाहती हु तुझे मैं इतना
क्या तेरे पास इसका जवाब है
एक बार पलट कर देख लो
अभी भी कर रही हूँ तेरा इंतज़ार मैं
थक गयी है मेरी आँखे तेरी इंतज़ार में |

15. बगावती

दिल ने आपकी शिकायते है की
आज लब्ज़ है मेरी बगावत भरी
आपने हमारी मोहब्बत को कैसा नाम दे दिया
सरेआम उससे बदनाम कर दिया
इतनी नफरत सी होगयी है आज आपसे
इसलिए दूरी बनाने में वक़्त ज़ायर ना किया
इतनी मुश्किल से आपको भुलाने की कोशिश की थी
पर याद आया हर चीज़ से आपकी याद है जुड़ी
आप मिले थे उस लम्हे में मुझे
जब मैंने था खुदको तन्हा पाया
आज गुजर गए हो एक लम्हे की तरह
दिल को अबतक मै समझा नहीं पायी |

16. रात गई बात गई

उससे फासले हमे मंजूर नहीं
आशिक़ हू मैं मज़बूर नहीं
प्यार करना कोई भूल नहीं
जो भी किया इस कमब्खत दिल ने किया
इसमें मेरा कोई कसूर नहीं
दिल टूटा रो लिया
अब करेंगे शुरुआत नयी
वो किस्सा भूल गए हम
चलो करे कोई बात नयी
तुमसे रिस्ता ख़त्म हुआ
किसी और से करे मुलाक़ात नयी
सुबह का सफर बुरा रहा
अब रात हुइ बात गयी
दिल ने कहा भूल जा इसे
दिल की ये बात भी मान गई
मेरा इश्क मुकम्मल ना सही
चलो करे फिर सुरुआत नई |

17. अपने -पराए

कौन अपना ?

कौन पराया ?

अबतक मैं ये जान ना पायी

जीतने हसीन पल हमने बिताए

आज फिर से उनकी यादें आयी

जिसने कभी था मेरे दिल को चुराया

आज वही लगने लगा है पराया

साथ छोड़कर तुम गए थे

अजनबी मुझे तुमने बनाया

अफ़सोस है तम्हारे साथ बिताये हर लम्हे का

बहुत मुश्किलों से मैंने तुम्हे भुलाया

सच कहु तो यारा

तुम्हे खोकर ही मैंने खुदको पाया

पराए वही होते जिन्हे अपना बनाते

गैर तो बस गैर ही रह जाते |

18. अधूरी कहानी

लिखती हू रोज़ एक कहानी
हां सिर्फ एक कहानी
ये मेरा पागलपन है या नादानी
ये बात मैं अभी तक ना जानी
क्या तू अभी भी ना समझ पाया
वो है तेरी मेरी प्रेम कहानी
लिखती हू रोज़ एक कहानी
जिसमे तू है राजा और मैं हु रानी
तेरे प्यार में होगयी हु इतनी दीवानी
बस लिख दी मैंने एक कहानी |

19. अनकहे अल्फ़ाज़

आँखों से जो बह रहा है
वो आंसू नहीं एहसास है
प्रेम का अभिशाप है
मेरे दिल के जज़्बात है
वो सिर्फ आंसू नहीं है मेरे
आने वाली तुफानो की आगाज़ है
टूटता हुआ विशवास है
अपने साथ लाता
हर गमो की सौगात है
वो सिर्फ आंसू नहीं है मेरे
रिस्तो की खुलती गाँठ है
वो सिर्फ आंसू नहीं है मेरे
मेरे कविता की आवाज़ है
वो सिर्फ आंसू नहीं है मेरे
अंदर से पुकारती एक आवाज है
वो सिर्फ आंसू नहीं है मेरे
मेरे अनकहे अल्फ़ाज़ है |

20. तू ही ज़मीं -आसमां

प्यार है ऐसा मेरा
जहां ना तुझे खोना है
और नाही तुझे पाना
हो जाने दो ज़िन्दगी में
अब जो भी होना है
अब खौफ नहीं है मौत का
असर है ये तेरी मोहब्बत का
तू हिस्सा है मेरे जिस्म का
किस्सा है हर ख़ुशी का
अब तू ही मेरी ज़मी है
और तू ही मेरा आसमां
साथ देना मेरे यारा
मिलकर लिखेंगे नयी दास्ताँ |

21. !

हँस -हँस कर दम तोड़ दू मैं
हर गमों से रिस्ता जोड़ लू मैं
ये कैसी तन्हाई है ?
सिर्फ आंसू मैंने पायी है
इस बेबस दिल का क्या करू
धड़कने धड़कने दूँ या छोड़ दूँ
कितने मुश्किलतों से हमने
ये खुशियां थी है पायी
कतरा - कतरा करके समेट रही
खुशियों की अब परछाई |

22. !!

बिखरा पड़ा है दिल मेरा
कांच के टुकड़ो की तरह
मत समेट इसे रहनुमा
ये कांच तुझे चुभ जाएंगे
खून बहेंगे तेरे बेमतलब के
हाथ ये छल्ली हो जाएंगे
रहने दो उसे वही पड़ा
एक दिन ये मिट्टी में मिल ही जाएगा
क्या किमत है इन आशुओ की
मत पोछ इसे अपने हाथों से
रहने दे भरी मेरी आँखों में
कल जब बारिश होंगी आँगन मे
उस बारिश मे ये धूल जाएंगे |

23. यादो का सिलसिला

बस रह गयी है तेरी यादे
मेरी ज़िन्दगी में
तड़पती हुँ हरपल तेरी कमी में
तुम सिर्फ मेरी चाहत हो
मेरी कोई ज़िद नहीं
तेरे बिना जीने की मुझे अब
आदत नहीं
अभी भी मुस्कुराती हु मैं
तेरी हर एक अंदाज़ पर
कैसे तुम रूठ जाया करते थे
मेरे जाने की बात पर
अब दखो ना कितने अरसे बीत गए
तुमसे एक बार बात हुए |

24. हसरते

चाह तुझे इतनी है क्यों मेरी
मुझमे तो भरी है इतनी कमी
नाही हु मैं कुमुद ना कोई कमल
नाही हु मैं कोई खूबसूरत परी
हसीनाएं तो इतनी है इस जहान में
पर तुम्हे क्यों हसरत है सिर्फ मेरी
कभी- कभी ये सोचूं मैं तेरे काबिल ही नहीं
पर नाजाने क्यों तू ये कहे
तुझे ज़रूरत है सिर्फ मेरी |
सिर्फ मेरी ||

25. छूकर ज़मीं -आसमां

पन्ना -पन्ना बिखर गया है
पेड़ के पत्तों की तरह
कुछ बह चले हवा के संग
छूकर ज़मीं -आसमां
उन पन्नो पे छपी थी तस्वीर तेरी
जो लिख रहे होंगे शायद कोई नयी दास्ताँ
कुछ भर रहे होंगे नए रंग
छूकर ज़मीन -आसमां |

26. चाँद का दाग

कितनो ने है दाग लगाए
आसमान के इस चाँद पर
पर वो और ही निखरता गया
मिटाकर दाग अपने दामन के
जल उठी जहां ये सारी
देख खूबसूरती चाँद की
तारे सारे टिमटिमाने लगे
सुनकर खबर उसके आगमन की |

27. स्थिर

सब कुछ गुजर रहा है
पर मैं ठहरी वही हूँ
सब कुछ बदल रहा है
पर मई बदली माही हू
माथे पे सिकंज

होंठों पे हसी

लबों पे खामोशी

जाने कब तलक ये चलेगी

कब तलक पुराने जख्मों का सिलसिला
मेरे रगों से बहेगी
बुरे सपनों की लत लग गई है
ना जाने कब तलक
ये मुझे सोने नहीं देगी
जो छिपाए फिरती हूँ मैं अपनों से
ना जाने कब तक
मेरे सीने मे काँटों की तरह चुभेगी
कहते है ,
वक़्त बड़े से बड़े जख्मों को भर देता
फिर क्यू मेरे जखम गहरी हो रही |

28. मेरा क्या कसूर?

रखना चाहती थी महफ़ूज़
एक माँ अपनी बिटिया रानी को
तो कैद करके रख दिया
घर की चार दीवारी में
माँ अक्सर बोला करती थी
यहाँ तू आज़ाद है
ये चार दीवारी ही तेरा जहां है
आखिर क्या कसूर था मेरा
जो मिली मुझे ये सजा है |
ऐसा क्यों होता है माँ
मेरा रोना तुझे मंज़ूर है
मेरा खिलखिला कर हसना ही कसूर है
मेरा हारना तुझे मंज़ूर है
मगर जीत कर आगे बढ़ना कसूर है
मेरी खामोशी तुझे मंज़ूर है
मेरा आवाज़ उठाना क्यों कसूर है
तू सीधे से क्यों नहीं कह देती माँ
मेरा लड़की होना ही कसूर है
और मै तेरी बेटी हू
इसलिए आज तू मजबूर है |

29. शब्दों की बारात

मोहब्बत के कई मौसम गुजारे
कुछ हसकर कुछ रो कर
कुछ बिछड़कर कुछ साथ होकर
कई एहसास जो महसूस किए
शब्द बनकर लिपट गए
मेरी डायरी के कोरे कागज़ पर
ऐसे भी एहसास थे
जो ना बयां कर पायी ना दर्ज़
तुझे दिए किसी भी खत पर
नाहीं अपनी ज़ुबान पर
बस एक कसक बनकर रह गए
जो अभी भी है दिल में समाये |

30. कस्ती

मेरी कस्ती तो डूब चूकी है
फिर इंतज़ार क्यों है किनारे पे
वापस ना अपाउंगी मैं
दिखूंगी अब सितारों में
समंदर मे जो तेरे अश्क़ बह रहे
वो मोतिया बनकर चमक रही
देखो आज तुम जग रहे
और मैं सो रही
आँख मूंद बिन साँस लिए
कब्र की नरम घास तले
तुम्ही तो दुआ करे थे
रब तेरी नींद मेरे हवाले करदे
आज कितने सुकून से सो रही
दफन होकर सदा के लिए |

31. सुकून

कहाँ मैं भटक रही हूँ
सुकून की तलाश में
पूछना है ये सवाल मुझे
अपनी हालात से
गुजरे समय की क्या बात करू
कुछ खास नहीं मुझे याद है
कभी कुछ खास थे मेरे पास भी
अब जाने कहाँ गुमनाम है |

32. अब तो मै मुझमे ही नहीं हूँ

हवाएं बह रही है
मौसम भी कुछ बदला हुआ है
तुम ठहरे वही हो
वक़्त भी ठहर सा गया है
और ये जुल्फे तुम्हारी
यूँ जो लहरा रही है
मैं खुद को कैसे सम्भालू
जो तुम इतने खूबसूरत हो
दिल मेरा बेसब्र होगया है
ज़ोरो से धड़कने भी लगा है
पूछ रहा एक सवाल ये मुझसे
तेरी गहरी आँखों में डूब जाऊ
या तेरे दिल में समजाऊँ
आजकल खुशमिज़ाज़ रहने मैं लगी हूँ
बेबात मुस्कुराने भी लगी हूँ
कहाँ मैं अब खुदको तलाशू
अब तो मैं मुझमे ही नहीं हूँ।

33. फिर कोई आया है

फिर कोई आया है मेरे पास

मिलते -जुलते अल्फाज़ो के साथ

अपनी सपनो की रानी बताकर

ले जाने मुझे अपने साथ

नहीं रूबरू इस बात से

आखिर क्या है तुम्हारा असल राज़

कैसे यकीं करलु मैं तुम्हारा

चंद अल्फाज़ो के सहारे

क्या तुम वही हो या है कोई छुपा राज़

सायद तेरी शख़िशयत का पता कर भी लू

मगर कितनी इंसानियत है तुम में

ये किस से मैं गुफ़्तगू करू

कितनी मोहब्बत है तुम्हे मुझसे

नहीं है तुम्हारी चाहत का एहसास

फिर ना खो दूँ मैं खुद को कहीं

मुझे नहीं जाना है तेरे पास

क्यूंकि मुझे रहना है सिर्फ मेरे साथ |

34. नादानियाँ

थी मेरी नादानी
जो बात मैंने ना मानी
आज लाज से मेरी अल्फ़ाज़ डूब गयी
क्यों हूँ खफा मैं अब खुदसे
किस बात की है अब अर्ज़ी
कोई नहीं है यहाँ पे
सिर्फ मैं ही रह गयी
माँ ने मुझसे कहा था
एक बात रखना तुम
कोई बात अगर हुइ तो
बेख़ौफ़ मुझसे कहना तुम
जब आज कह रही तो
क्यों यकीं नहीं
आसुओ में मेरे लब्ज़ बह रहे
कैसे इन्हे मैं थामू
जाने किस ओर चल रहे है |

35. दुआँ

कुछ कर गुज़र कुछ ऐसा
जाउंगी मै एक दिन
चाहो या ना चाहो
ना भूल पाओगे मुझे तुम कभी
दर्द मेरे हिस्से की
काट चुकी मैं सारी
अब मेरे ज़िन्दगी में
खुशियों की है बारी
एक दुआँ मांगी है
मैंने अपने रब से
अब कर आज़ाद मेरी खुशियों को
गमो के पिंजरे से |

36. यादें

अर्सों बी गए उस बा को गुजरे
मगर फिर भी ज़ेहन से मेरे
क्यों वो बात गुजारी नहीं
ज़रा सी उम्र की हज़ारो यादें
क्यों उन यादों के पन्ने पलटते नहीं
मौसम बदले जगहे बदले
क्यों रातो के सपने बदले नहीं
डर के सबब से मैं जागती रही
जो मेरे अंदर था उससे भागती रही
ना आराम मिला ना सुकून मिला
अपने आप से भाग कर
नाही अँखियो को नींद मिली
अर्सों यूँ जाग कर |

37. मुझे बेटी क्यों बनाया ?

माँ मुझे बेटी क्यों बनाया
मुझे भी बेटा बनना है
माँ मुझको भी दो पल के लिए
तेरी गोद में सिर रखना है
पापा को कह दो ना तुम
मुझको भी बेटा बनना है
उनके सिर के बोझ को
मुझे भी हल्का करना है
उनकी ज़िम्मेदारिया लेकर
अब उनपर बोझ नहीं बनना है
माँ मुझे बेटी क्यों बनाया
मुझे भी बेटा बनना है |

38. डर लगता है माँ

माँ ये दुनिया क्यों है बुरी

मुझे इस दुनिया में रहना ही नहीं

मुझे पूछना है एक सवाल जिससे

क्या तुम चलोगी मेरे साथ मेरा हाथ पकड़ के

वक्त के उस मंजर में

जब हम दो जान एक जिस्म से थे

रहना है मुझे तेरी कोख में फिरसे

वहां लगता है महफूज़ सा मुझे

क्यों तूने मुझे कर दिया खुद से अलग

जहाँ भी जाऊ अब लगता है डर

सोचू तेरे ही बारे में हर घड़ी हर पहर

खुदा ने बरसाया है ये कैसा कहर

तेरे चेहरे की मायूसी से लगता है डर

कैसे बताऊ तुझे माँ

मैं तुझे चाहु किस कदर |

39. दाग

कुरेदो वही,
जिसे सहेजने का लिहाज़ आ जाये
क्या हुआ अगर बिखरा पड़ा है तो
कही उसे समेटते -समेटते
तुमपर ही ना लहू के दाग आजाए
ये दाग तुम्हारी मर्ज़ी के मोहताज़ नहीं होंगे
जो तुम छुपाओ और छुपने को तैयार हो जाए
तुम्हारे कुछ कहने से पहले शायद
तुम्हारे ये सारे राज़ खोल जाए
छोड़ दो उसे वहीं बिखरे हुए
शायद इसे समेटने के बाद
तुम्हारे ज़ख्मो का कोई हिसाब ना लगा पाए |

40. मेरी प्यारी माँ

तुमसे बढ़कर दुनिया में
ना कोई है मेरा अपना
तुम्हे हस्ता देख कर के
भूल जाऊ दुःख मैं अपना
तेरी मुस्कुराहटों के लिए
सच कर दू हर सपना
बस इतनी सी ख्वाहिश है माँ
तेरी गोद में सर रखदु मैं अपना
नींद नहीं आती है मुझको
सुना दे कोई एक कहानी
तुमसे ज़ादा सुन्दर माँ
ना दुनिया देखी और ना जनी
दूर नहीं जाना तुम मुझसे
पास हमेसा रहना
जो भी तुम्हे चाहिए होगा
बस एक बार तुम कहना
माँ तुम्हे पहना दूंगी मैं
खुसियो का हर एक गहना
तुम्हे सजा कर रखूंगी मैं
जैसे हो तुम कोई रानी
दूर जब भी रहती हो मुझसे
आजाता है माँ आँखों में पानी |

41. साज़िश -ए -इश्क़

मुमकिन नहीं होता छुपाना वो दर्द
जिसे हमने जिस्मो पे ओढ़ रखा है
कैसे भुला दू तेरी दरिन्दगी ,तूने तो
मोहब्बत को हवस का नाम दे रखा है
दुआ करूँगी तेरी ख्वाहिश
कभी मुकम्मल ना हो
अब कोई और तेरी साज़िश में शामिल न हो
वारना भरोसा उठ जायेगा
लोगो को मोहब्बत से
और खुदा भी यही कहेगा
अब इस दुनिया में कोई इश्क़ और मोहब्बत ना हो |

42. सरहदें इश्क़ की

मेरे यारा

सरहद ना पार करियो इश्क़ की

दो पल की खुशियों के बदले

मिलेंगे ज़ख्म ताउम्र की

मोहब्बत के नाम पे करते है

कुछ लोग सौदा हुस्न का

खुदा की इनायत है ये मोहब्बत

इससे जिस्मो की हवस में न बदलो

ये तोहफा दिया है रब ने

ज़िन्दगी आसान बनाने के लिए

ये मोहब्बत है

और इसे मोहब्बत ही रहने दो |

43. वज़ूद

सबब हम अपनी बर्बादी का
जान कर भी क्या पाएंगे
वज़ूद अगर ये मेरा खो जाये तो
कुछ कर भी नहीं पाएंगे
अब जो होना था वो हो गया
जो नहीं खोना था वो भी खो गया
अगर तुम आ भी गए वापस
अब हम तुम्हारे हो भी नहीं पाएंगे
जाने कहा ज़मीर दफना आते है कुछ लोग
कई दफा झूठ कैसे बोल जाते है कुछ लोग
क्या ज़रा सी भी इंसानियत नहीं होती इनमे
समझ नहीं आता किस हद तलक जायेंगे ये अब |

44. क्यूँ ??

गलती मेरी थी या नहीं
ये मुझे है पता
गलती तेरी थी या नहीं
तू ये मुझे बता
और छोड़ जाने के एक वजह
ये भी तू मुझे बता
मेहरबानी नहीं किया था
प्यार था वो मेरा
तूने तो उम्र भर का दाग दे दिया
मेरा ताउम्र था तेरे नाम कर दिया
जाना था तो चले जाते
ये दाग क्यों दिया |

45. वो मेरा धोखा था

सोचा उसे मैंने अपना था
पर यार वो मेरा धोखा तथा
पहले मैं इतना हस्ती थी
कहते थे सब आप चुप होजा
जान अब मेरी जा रही है
ये भी किसने सोचा था
पल-पल इतना टूट रही हु
प्यार म ऐसा क्यों होता है
खुदा समझ जिसे पूज रही थी
वो खुदा नहीं एक पत्थर था
जितने कस्मे -वादे दिए थे
वो वादे नहीं समझौता था
सोचा उसे अपना था पर
यार वो मेरा धोखा था |

46. खुदसे रूठी

दिल भी है टूटा
रिस्ते सारे तोड़ दिए
वादे जो किये थे
वो भी है टूटे
खुद से ही हू मैं रूठी
हाथ भी सबसे छूटा
वक़्त भी आज हमसे रूठ गया
हमसफ़र था एक मेरा
साथ मेरा छोड़ा
अब जाने किसको मैं
अपना हाल बताऊ
किस हाल में हु मैं माँ
ये तुझे कैसे बतलाऊ
कोशिश किया था मैंने
तुझसे दर्द बाटने की
पर तूने ही मेरा
यकीं न किया
अपने ही बच्चे का माँ
तूने दर्द न लिया ।

47. इश्क़ को सलाम

डूबा करती हु हर रोज़
सुबह बनकर हर शाम में
ताकि पा सकू तुम्हे मैं
रोज़ अपनी रातो के खाव्ब में
मेरे उस खाव्ब की कोइ मंज़िल
ही नहीं वारना
शौख से नुमाइश करती अपने इश्क़
की सरेआम मैं |

48. फरेबी

ना इंसानियत नाही मोहब्बत
नज़र आती है अब लोगो की आँखों में
आती है नज़र तो सिर्फ फरेब ही फरेब
जो पता नहीं किस हद तलक जाएगी अब
ख़ामोशी की आगोश में कब तलक छुपायेंगे
दर्द अपने जिस्म और जहां की
अगर कोई ज़ख्म मिल जाये तो
किस तरह मिटायेंगे परछईया
ज़ख्मो के निशान की
ना जाने क्यों लोग नशा ढूंढते है नशे में
जब नशा है उनकी हर एक बात में
ऐसा डूबते है की वाकिफ नहीं हो पते
सामने वाले के किसी भी वार से |

49. डायरी

तेरे बहाने से ही सही
फिर से कुछ अर्सो बाद
तेरे दिए नयी किस्सों के साथ
आया है अल्फाज़ो का गुलदस्ता
मेरी डायरी में दस्तक देने
तेरे कई झूठे फ़साने से ही सही
तेरा मेरे ज़िन्दगी में आने से ही सही
मुझे मिल गयी है कहानी नयी
जो मेरी लिखावट का हिस्सा बन गयी
और मेरे जज़्बातो को जुबान दे गयी |

50. मोहब्बत

तुम अक्सर कहा करते हो
बहुत चाहते हो मुझे
हां मैं समझ गयी
पर कई लब्ज़ो से सुन चुकी हु यही
मगर दिल और दिमाग मेरा
मानने को तैयार ही नहीं
फिर भी दे सकती हु एक मौका
तेरी मोहब्बत को साबित करने का
बस रोक दो मेरी अश्को को
जो मेरी रगो से बहता है |

51. सराफ़त की कफन

कफन सराफ़त की ओढ़कर
झूठ की पोशाक पहनते है
धोखा देने का तजुर्बा है हमारा
ये बात भी कितने शान से कहते है
कितने तबाह हुए भरोसा करके
की दोबारा ना भरोसा कर ले
अपने आप से डरते है
कफन सराफ़त की ओढ़कर
झूठ की पोशाक पहनते है |

52. मेरे खुदा

एक डर सा लगता है मुझे
तुम्हारे खो जाने का
हां जानती हू
हसी आती होगी तुम्हे ये सुनकर
तुम्हे खोने का डर
क्यूंकि तो मैंने कभी पाया ही नहीं था
और मोहब्बत से कभी तुम्हे
सीने से लगाया ही नहीं था
मगर तुम्हे खबर नहीं इस बात की तो
क्या हुआ
तुम्ही को तो बना चुकी मैं अपना खुदा

53. अज़नबी

आये हो तुम एक अजनबी की तरह
चले जाओगे एक दिन छोड़कर
एक ग़ैर की तरह
इन सुनी आँखों को भर दोगे लाख
ख्वाहिशो से तुम
फिर जब ढूंढेगी तुम्हे ये आँखे
फिर सायद ना ,मिलोगे तुम
तो फिर कहाँ ढूंढूंगी तुम्हे मैं
आँखों में अधूरे खाव्ब लिए
एक बार जो मोहब्बत करुँगी
ताउम्र मैं निभाऊंगी
क्या तुम ये वादा करते हो
हमेसा ऐसे ही चाहोगे |

54. माँ तू कहाँ है ?

माँ तू कहाँ है
बस ये तू बता दे
ढूंढने मैं तुझको
आजाऊंगी
बन गयी हु मुसाफिर
प्यार ढूंढते-ढूंढते
कर हक़ अदा अब तो तू
ढूंढ ले मुझे तू
थक गयी हु अब मैं
तुझे ढूंढते-ढूंढते ।

55. मायूसी

तेरी आँखों से मेरी आँखों तक
कोई गहरा सा काला साया है
तेरे चेहरे से मेरे चेहरे तक
शायद फिर से मायूसी ने घर बनाया है
दिल टूटने पे शोर नहीं होता
नाही ज़ख्मो के निशान दि खते
मगर फिर भी तेरे प्यार ने प्यार से
मेरे ज़ख्मो पे ,मरहम लगाया है
शायद फिर से मायूसी ने घर बनाया है
मेरी तनख़्वाह इतनी नहीं
तुझे कोई उपहार दे सकू
सिर्फ़ो सिर्फ मैं इस काबिल हु तुझे बेइंतेहा
प्यार कर सकू
मगर फिर भी तेरे दिल का बाकि किराया है
शायद फिर से मायूसी ने घर बनाया है |

56. कौड़िया

खन -खन करके बजती हूँ
जब भी इस राह से गुजरती हूँ
नज़रो में सबकी चुभती हूँ
जब नज़रे मुझ पर से गुजरती है
नज़र नहीं फेरते शायद लोग
अगर चूड़ियां खनकती
इन कौड़ियों के बदले
कीमत तुम नहीं समझोगे
इन कौड़ियों के खनकने की
इसके खनकने से ही मेरी
दो वक़्त की रोटी है टूटती |

57. तेरी कमी

महसूस हो रही है आज तेरी कमी

जैसे दूर हो आसमां से ये ज़मीन

तूने मुझे कवी अकेला नहीं किया

मै ही थी जिसने खुदको तन्हा किया

आज होरहा है एहसास तेरे दर्द का

कितना था तू तड़पता जब मैं होती थी खफा

इस जहाँ का मुक़्क़दर सा,मझु या

समझू अच्छी तक़दीर अपनी

जो तेरा इश्क़ मुकम्मल हुआ |

58. कौन बेवफा

मानती ही नहीं थी तुझे मैं बेवफा

आज आंगन में बैठी हू खुदसे खफा

प्यार पाने को तरसता था दिल

अब प्यार के नाम से डरता है दिल

मौसमो का तो काम है बदलना

यकीं नहीं होता तुम भी गए बदल

मानती थी तुझे मैं अपना खुदा

छोड़कर हाथ तू कहाँ चल पड़ा

याद में मैं तेरी तड़पती रही

अकेले कोने में बिलखती रही

मौत को अपने मैं बुलाती रही

अपने हाथो से ज़हर खुदको पिलाती रही

तेरे प्यार का नशा उतारने के लिए

नशा को ज़ुबां से लगाती रही

तेरे प्यार में मेरी जान जाती रही

और ये ज़हर आज मुझे ज़िन्दगी दे रही |

59. मेरी अपनी दुनिया

ऐ रब तू सुनले मेरी एक अरदास
जीना है मुझे इसी दुनिया में
मुझे मेरे अपनों के साथ
नहीं बसना है मुझे कोई दूसरा जहां
तू दे दे यहीं मुझे खुशियाो की एक वजह
गुजर रही है उम्र मेरी यहाँ
ना जाने मेरी खुशिया छुपी है कहाँ
जिसे मैं जी ना सकू यहाँ
ऐसी ज़िन्दगी का क्या करू तू बता |

60. धुआँ-धुआँ

धुआँ-धुआँ सा है
मेरे ज़िंदगी के पन्नों पर
मैं खुद का लिखा
खुद ही ना पढ़ पा रही
दहसत छाया है मेरे जिस्मों मे हर पल
छटपटाहट अब मुझसे सहन नहीं होरही
ठंडी हवाओ मे मेरे बदन की गर्माहट
मुझे सबसे अलग होने को कह रही
मुझे छूने की चाहत मे
करीब आने की कोशिश मत करना
अरसों की आग मेरे अंदर
अब तलक है जल रही
मैं क्या हू मुझे नहीं समझना
इस सवाल के जवाब मे
मैं खुद मे ही डूब रही
फूलों की खुसबू रिझाती नहीं
लबों पे हसी अब आती नहीं
अंगारों पे चलने की आदत सी हो गई है
शायद इसलिए
ज़िंदगी धुआँ-धुआँ हो गई है |

61. ✳✳✳

ले चल मुझे तु वहाँ

जहाँ अमन की पवन बह रही हर ओर हो

ले चल मुझे तु वहाँ

जहा भीड़ हो तन्हाई का ना शोर हो

तेरा हाथ थाम चल दूंगी मै वहाँ

जहाँ खुशियां ही खुशिया हमारी ओर हो |

62. बादल

आज बरस पड़े है बादल ऐसे
जैसे अर्सो बाद रोए हो
समेट रखे थे अपने गमो के थैले
जैसे आज ही उसकी चाभी मिली हो |